Cidades do Amanhã

Rumo à Inteligência Urbana

Enrico Guardelli

Direitos autorais © 2024 Enrico Guardelli

Todos os direitos reservados

Algumas partes do livro não podem ser reproduzidas, armazenadas em sistema de recuperação ou transmitidas de qualquer forma ou por qualquer meio que seja, eletronicamente, mecanicamente, fotocopiado, gravado ou de outra forma, sem a autorização expressa por escrito do editor.

Conceito da capa por: MedTechBiz

Cidades do Amanhã : Rumo à Inteligência Urbana

Introdução..4
O que são Smart Cities?... 8
    Histórico e Evolução do Conceito................................... 11
    Importância das Smart Cities no Contexto Atual........ 13
Parte I: Fundamentos das Smart Cities............................18
    Tecnologia e Infraestrutura.. 21
        Internet das Coisas (IoT) e Conectividade.............. 21
        Infraestrutura de TI: Redes, Data Centers e Cloud Computing.. 24
        Plataformas de Gerenciamento Urbano.................. 28
    Dados e Inteligência Artificial..33
        Coleta e Análise de Dados..................................... 33
        Big Data e sua Aplicação em Cidades Inteligentes............... 37
        Inteligência Artificial: Aplicações e Impactos......... 41
    Energia e Sustentabilidade..45
        Redes Elétricas Inteligentes (Smart Grids)............45
        Energias Renováveis e Eficiência Energética....... 48
        Gestão Sustentável de Recursos............................ 50
Parte II: Componentes das Smart Cities............................. 53
    Transporte e Mobilidade.. 55
    Segurança e Governança..59
Exemplos e Estudos de Caso.. 68
Parte III : Cidades Pioneiras em Smart Cities................. 69
    Estudo de caso: Barcelona...69

Estudo de caso: Singapura..74
Estudo de caso: Amsterdã..78
Projetos e Iniciativas em Desenvolvimento................................ 83
    Projetos em cidades emergentes.................................... 83
    Iniciativas regionais e internacionais............................. 87
    Colaborações público-privadas..................................... 90

Parte IV: Desafios e Futuro das Smart Cities..............................94
Desafios Tecnológicos e Sociais... 97
Políticas Públicas e Regulação... 102
Inovações tecnológicas emergentes.. 107
Perspectivas para as próximas décadas.................................... 111
Cenários futuros e previsões... 114
Síntese dos Principais Pontos.. 117
Visão para o Futuro.. 124
Reflexões Finais... 130
Apêndices.. 133
    Glossário de Termos...133
    Livros Recomendados.. 137
    Artigos Acadêmicos e Relatórios...................................139
    Contatos e Redes de Colaboração...................................141
Referências.. 144

Introdução

Nas últimas décadas, o mundo tem testemunhado uma rápida urbanização, com a população urbana crescendo exponencialmente.

As cidades, como centros de inovação e progresso, enfrentam desafios sem precedentes em termos de infraestrutura, mobilidade, segurança, saúde e sustentabilidade.

A busca por soluções eficientes e sustentáveis tornou-se crucial para garantir a qualidade de vida dos cidadãos e a resiliência urbana.

O conceito de Smart Cities ou Cidades Inteligentes emergiu como uma resposta inovadora aos complexos problemas urbanos. Integrando tecnologia, dados e governança, as Smart Cities propõem um modelo de desenvolvimento urbano mais eficiente, sustentável e centrado nas necessidades humanas.

Cidades do Amanhã : Rumo à Inteligência Urbana

Uma cidade inteligente utiliza a tecnologia e a inovação para melhorar a gestão dos recursos urbanos, promovendo a sustentabilidade e aumentando a qualidade de vida dos seus habitantes em áreas como transporte, energia, comunicação, saúde e segurança.

A tecnologia da informação desempenha um papel central nas Smart Cities, com a Internet das Coisas (IoT), Big Data e Inteligência Artificial (IA) sendo pilares fundamentais.

Essas tecnologias permitem a coleta, análise e utilização de grandes volumes de dados em tempo real, facilitando a tomada de decisões e a gestão proativa dos serviços urbanos.

A sustentabilidade é igualmente essencial, com a gestão eficiente de recursos naturais e a promoção de práticas ambientais responsáveis, sendo vitais para o futuro das cidades.

Cidades do Amanhã : Rumo à Inteligência Urbana

A mobilidade urbana é um desafio crítico que as Smart Cities abordam através de sistemas de transporte público inteligentes, veículos autônomos e elétricos, e soluções de compartilhamento de veículos.

Essas inovações melhoram a mobilidade, reduzem congestionamentos e contribuem para a diminuição da poluição e do consumo de energia.

A segurança também é fortalecida com sistemas de monitoramento avançados e governança digital, que promovem a transparência e a participação cidadã.

Diversas cidades ao redor do mundo, como Barcelona, Singapura e Amsterdã, já estão colhendo os benefícios das iniciativas de cidades inteligentes.

Esses exemplos oferecem insights valiosos e práticas recomendadas que podem ser adaptadas por outras cidades.

No entanto, a implementação de Smart Cities enfrenta desafios significativos, como questões de privacidade, segurança de dados, inclusão digital e desigualdade, que precisam ser superados.

Políticas públicas e regulamentações são cruciais para o desenvolvimento das Smart Cities, necessitando de um arcabouço regulatório que apoie a inovação, assegure a proteção dos dados dos cidadãos e promova a colaboração entre o setor público e privado.

Este livro explora os diversos aspectos das Smart Cities, desde os fundamentos tecnológicos até os desafios e tendências futuras, servindo como um guia para gestores urbanos, planejadores, profissionais de tecnologia e todos os interessados em construir cidades mais inteligentes, sustentáveis e humanas.

Boa Leitura!

Cidades do Amanhã : Rumo à Inteligência Urbana

O que são Smart Cities?

Nas últimas décadas, o conceito de Smart Cities, ou Cidades Inteligentes, tem ganhado destaque como uma abordagem inovadora para o desenvolvimento urbano.

As Cidades Inteligentes são áreas urbanas que utilizam tecnologias digitais e de comunicação para aumentar a eficiência dos serviços urbanos, promover a sustentabilidade e melhorar a qualidade de vida dos cidadãos.

De acordo com Caragliu et al. (2011), uma cidade é considerada inteligente quando "os investimentos em capital humano e social e em infraestrutura de comunicação tradicional (transporte) e moderna (TIC) alimentam o desenvolvimento econômico sustentável e uma alta qualidade de vida, com uma gestão prudente dos recursos naturais, através de uma governança participativa".

A tecnologia e a inovação são os pilares das Smart Cities. Elas utilizam tecnologias avançadas, como a Internet das Coisas (IoT), Big Data e Inteligência Artificial (IA), para coletar e analisar dados em tempo real. Essas tecnologias facilitam a tomada de decisões e a gestão proativa dos serviços urbanos, tornando as cidades mais eficientes e responsivas às necessidades dos seus habitantes (Batty et al., 2012).

As Smart Cities são compostas por seis dimensões principais: economia inteligente, mobilidade inteligente, ambiente inteligente, pessoas inteligentes, vida inteligente e governança inteligente.

Segundo Giffinger et al. (2007), esses componentes trabalham juntos para criar um ecossistema urbano interconectado e eficiente, promovendo um desenvolvimento urbano mais harmonioso e sustentável.

A integração de sistemas é uma característica fundamental das Smart Cities. A interconectividade e a interoperabilidade entre diferentes sistemas urbanos são cruciais para o sucesso das Smart Cities, permitindo uma gestão integrada e eficiente dos recursos urbanos (Nam & Pardo, 2011).

Histórico e Evolução do Conceito

O conceito de Smart Cities surgiu no final dos anos 1990 e início dos anos 2000, quando as tecnologias de informação e comunicação começaram a ser vistas como ferramentas essenciais para a gestão urbana.

Harrison et al. (2010) destacam que as primeiras iniciativas de Cidades Inteligentes focaram principalmente na infraestrutura digital e na conectividade, como observado nos projetos pioneiros de Amsterdã e Barcelona.

Com o avanço da tecnologia, o conceito de Smart Cities evoluiu para incluir não apenas a infraestrutura digital, mas também a sustentabilidade ambiental e a qualidade de vida dos cidadãos. Hollands (2008) observa que "a evolução das Smart Cities reflete a integração crescente de TICs com a sustentabilidade e a inovação social".

Esse desenvolvimento tem sido acompanhado por um aumento significativo em conferências e publicações sobre o tema, refletindo o crescente interesse acadêmico e profissional.

Governos em todo o mundo começaram a adotar políticas para promover o desenvolvimento de Smart Cities, reconhecendo seu potencial para resolver problemas urbanos complexos (Albino, Berardi & Dangelico, 2015).

Cidades como Copenhague, Seul e Singapura tornaram-se exemplos de sucesso em iniciativas de cidades inteligentes, demonstrando os benefícios tangíveis dessas abordagens (Lee et al., 2014).

Importância das Smart Cities no Contexto Atual

As cidades modernas enfrentam desafios significativos, incluindo crescimento populacional, mudanças climáticas e pressão sobre os recursos naturais.

Cohen (2012) argumenta que "as Smart Cities oferecem soluções inovadoras para esses desafios, melhorando a sustentabilidade e a resiliência urbana".

A implementação de tecnologias inteligentes pode melhorar significativamente a qualidade de vida urbana, proporcionando serviços mais eficientes e reduzindo o impacto ambiental (Komninos, 2011).

Uma das principais áreas de foco das Smart Cities é a eficiência energética. Redes elétricas inteligentes e o uso de energias renováveis são essenciais para a sustentabilidade das cidades (Kramers et al., 2014).

As Smart Cities também abordam a mobilidade urbana através de soluções inovadoras como transporte público inteligente, veículos autônomos e sistemas de compartilhamento de bicicletas, reduzindo congestionamentos e melhorando a eficiência dos deslocamentos urbanos (Shaheen et al., 2010).

Outra prioridade é a segurança pública. Tecnologias como câmeras de vigilância avançadas e análise de dados em tempo real melhoram a capacidade das autoridades de responder a incidentes e garantir a segurança pública (Neirotti et al., 2014).

Além disso, a saúde digital e o monitoramento ambiental são componentes essenciais das Smart Cities, contribuindo para ambientes urbanos mais saudáveis (Deakin & Al Waer, 2011).

A governança digital promove a transparência e a participação cidadã, fortalecendo a confiança entre o governo e a população (Meijer & Bolívar, 2016).

A inclusão digital é crucial para garantir que todos os cidadãos se beneficiem igualmente das tecnologias de Smart Cities (Vanolo, 2014), e as Smart Cities também têm o potencial de reduzir as desigualdades sociais, oferecendo oportunidades de educação e emprego através de plataformas digitais (Hollands, 2015).

A economia digital é um motor de crescimento para as Smart Cities, criando novas oportunidades de negócios e impulsionando a inovação (Cohen, 2014).

As Smart Cities são projetadas para serem resilientes, capazes de enfrentar e se recuperar de desastres naturais e outros eventos adversos (Meerow, Newell & Stults, 2016).

A colaboração entre o setor público e privado é essencial para o desenvolvimento das Smart Cities, promovendo a inovação e a implementação de soluções tecnológicas (Nam & Pardo, 2011).

Por fim, a educação é fundamental para o sucesso das Smart Cities, capacitando os cidadãos com as habilidades necessárias para participar ativamente na sociedade digital (Komninos, 2015).

A sustentabilidade ambiental está no cerne das Smart Cities, promovendo práticas responsáveis e a conservação dos recursos naturais (Jiang et al., 2014).

À medida que o mundo continua a urbanizar, o desenvolvimento de Smart Cities torna-se ainda mais crucial. Batty (2013) afirma que "as Cidades Inteligentes representam o futuro da urbanização sustentável e eficiente".

De fato, as Smart Cities são um modelo emergente e inovador de urbanização que integra tecnologia, dados e governança para enfrentar os desafios urbanos contemporâneos.

Com uma abordagem centrada nas necessidades humanas e na sustentabilidade, as Smart Cities têm o potencial de transformar a vida urbana e criar um futuro mais resiliente e sustentável.

Parte I: Fundamentos das Smart Cities

A urbanização acelerada nas últimas décadas trouxe desafios significativos para as cidades em todo o mundo. Com o aumento da população urbana, questões como mobilidade, infraestrutura, segurança e sustentabilidade se tornaram cada vez mais presentes.

A busca por soluções eficazes para esses problemas impulsionou o desenvolvimento do conceito de Smart Cities, ou Cidades Inteligentes, que propõe uma abordagem inovadora para a gestão urbana.

As Smart Cities são definidas pela integração de tecnologias avançadas, como a Internet das Coisas (IoT), Big Data e Inteligência Artificial (IA), nas operações diárias das cidades.

Esses avanços tecnológicos permitem uma coleta e análise de dados em tempo real, facilitando uma gestão mais eficiente e proativa dos recursos e serviços urbanos. Através dessas tecnologias, as cidades podem otimizar o uso de energia, melhorar a mobilidade, aumentar a segurança e promover a sustentabilidade ambiental.

No entanto, a implementação de Smart Cities vai além da simples adoção de novas tecnologias. Requer uma visão holística que considere aspectos sociais, econômicos e ambientais.

A participação ativa dos cidadãos e a colaboração entre governos, empresas e academia são essenciais para criar um ecossistema urbano que seja verdadeiramente inteligente e sustentável.

As Smart Cities não são apenas sobre infraestrutura tecnológica, mas também sobre melhorar a qualidade de vida e fomentar o desenvolvimento humano.

Cidades do Amanhã : Rumo à Inteligência Urbana

Nesta primeira parte do livro, exploraremos os fundamentos das Smart Cities. Discutiremos a definição e os conceitos básicos, examinando como essas cidades evoluíram ao longo do tempo e a importância crescente no contexto atual.

Abordaremos as principais dimensões que compõem as Smart Cities, incluindo a economia inteligente, mobilidade, meio ambiente, vida, pessoas e governança.

Através desta análise, forneceremos uma compreensão abrangente dos princípios e práticas que sustentam o desenvolvimento das Cidades Inteligentes.

Tecnologia e Infraestrutura

Internet das Coisas (IoT) e Conectividade

A Internet das Coisas (IoT) é um dos pilares fundamentais das Smart Cities. Ela consiste na interconexão de dispositivos físicos, como sensores, atuadores e outros equipamentos, que coletam e trocam dados.

Esses dispositivos são integrados em sistemas de informação, permitindo a automação e o monitoramento de processos urbanos.

Segundo McKinsey & Company (2018), a IoT pode potencializar a eficiência operacional e a tomada de decisões nas cidades, facilitando a gestão de recursos como água, energia e transporte.

Os sensores IoT podem monitorar a qualidade do ar, a circulação de veículos, o consumo de energia e até mesmo a integridade estrutural de edifícios e pontes.

Essa capacidade de monitoramento em tempo real permite que as autoridades municipais respondam rapidamente a emergências e façam ajustes proativos para melhorar a eficiência.

Um estudo de Zanella et al. (2014) destaca como a IoT pode contribuir para a criação de uma infraestrutura urbana mais resiliente e responsiva.

A conectividade é outro componente crucial para o sucesso das Smart Cities. Redes de alta velocidade, como 5G, são essenciais para suportar a vasta quantidade de dados gerados pelos dispositivos IoT.

A velocidade e a baixa latência do 5G permitem uma comunicação quase instantânea entre dispositivos, o que é vital para aplicações que exigem respostas rápidas, como veículos autônomos e sistemas de gestão de tráfego.

Conforme mencionado por Gubbi et al. (2013), a implantação de redes robustas é um pré-requisito para o desenvolvimento de serviços urbanos inteligentes e eficientes.

Além das redes 5G, outras tecnologias de comunicação, como LoRaWAN e NB-IoT, são frequentemente usadas em Smart Cities para conectar dispositivos de baixa potência que operam em áreas extensas.

Essas tecnologias permitem a coleta de dados em locais remotos ou de difícil acesso, complementando as redes de alta velocidade em áreas urbanas densamente povoadas.

Estudos de Chen et al. (2017) mostram que a combinação de diferentes tecnologias de comunicação pode criar uma infraestrutura de conectividade robusta e versátil.

Infraestrutura de TI: Redes, Data Centers e Cloud Computing

A infraestrutura de tecnologia da informação (TI) é a espinha dorsal das Smart Cities. Redes de comunicação, data centers e serviços de cloud computing são elementos essenciais para processar e armazenar os dados coletados pelos dispositivos IoT.

A eficiência e a capacidade dessas infraestruturas determinam a eficácia das soluções inteligentes implementadas nas cidades. De acordo com Batty et al. (2012), a infraestrutura de TI deve ser escalável e segura para suportar o crescimento contínuo das cidades inteligentes.

As redes de comunicação, tanto físicas quanto sem fio, garantem a conectividade necessária para o funcionamento das Smart Cities. Redes de fibra óptica proporcionam alta capacidade e velocidade de transmissão de dados, essenciais para aplicações que exigem alta largura de banda.

Por outro lado, as redes sem fio, como Wi-Fi e 5G, oferecem flexibilidade e mobilidade, permitindo que dispositivos e usuários permaneçam conectados em qualquer lugar.

O relatório da Cisco (2018) destaca a importância de uma infraestrutura de rede robusta e integrada para suportar a demanda crescente por serviços inteligentes.

Data centers são fundamentais para armazenar e processar grandes volumes de dados gerados por dispositivos IoT e outras fontes. Eles oferecem a capacidade de computação necessária para realizar análises complexas e fornecer insights acionáveis em tempo real.

A eficiência energética e a sustentabilidade dos data centers também são preocupações importantes, já que eles consomem grandes quantidades de energia.

Estudos de Gupta et al. (2019) sugerem que a implementação de tecnologias de resfriamento eficientes e o uso de energias renováveis podem reduzir significativamente a pegada de carbono dos data centers.

Cloud computing, ou computação em nuvem, desempenha um papel crucial ao fornecer infraestrutura de TI sob demanda. Ela permite que as cidades escalem suas capacidades de processamento e armazenamento conforme necessário, sem a necessidade de investimentos pesados em hardware.

Serviços de nuvem, como o Amazon Web Services (AWS) e o Microsoft Azure, oferecem plataformas flexíveis e escaláveis que podem suportar uma variedade de aplicações urbanas inteligentes.

Marston et al. (2011) apontam que a computação em nuvem facilita a implementação de soluções de cidades inteligentes ao reduzir os custos e aumentar a flexibilidade.

A combinação de redes de alta velocidade, data centers eficientes e serviços de cloud computing cria uma infraestrutura de TI poderosa que pode suportar as demandas das Smart Cities.

A integração desses componentes permite uma gestão eficiente dos recursos urbanos e a implementação de serviços inovadores que melhoram a qualidade de vida dos cidadãos. Conforme observado por Dirks e Keeling (2009), a infraestrutura de TI é um habilitador crítico para a transformação digital das cidades.

Plataformas de Gerenciamento Urbano

Plataformas de gerenciamento urbano são sistemas integrados que agregam dados de diversas fontes e os utilizam para monitorar, gerenciar e otimizar os serviços urbanos.

Essas plataformas são essenciais para transformar os dados brutos coletados pelos dispositivos IoT em informações úteis para a tomada de decisões. Elas permitem uma visão holística das operações urbanas, facilitando a coordenação entre diferentes setores e serviços.

Para Nam e Pardo (2011), as plataformas de gerenciamento urbano são fundamentais para a implementação de soluções de cidades inteligentes. Com tecnologias avançadas de análise de dados e visualização, proporciona insights em tempo real.

Dashboards interativos e mapas de calor são algumas das ferramentas utilizadas para monitorar a atividade urbana e identificar padrões e anomalias. A análise preditiva, alimentada por algoritmos de IA, pode prever falhas de infraestrutura e otimizar a alocação de recursos.

O trabalho de Chourabi et al. (2012) enfatiza a importância da análise de dados para melhorar a eficiência e a resiliência das operações urbanas.

Além da análise de dados, as plataformas de gerenciamento urbano facilitam a integração e a interoperabilidade entre diferentes sistemas e serviços. Elas permitem que informações de trânsito, energia, segurança e saúde sejam compartilhadas e utilizadas de forma coordenada.

Essa integração é crucial para criar um ecossistema urbano coeso e eficiente. Um estudo de Harrison et al. (2010) destaca como a interoperabilidade entre sistemas pode melhorar a coordenação e a resposta a emergências em cidades inteligentes.

As plataformas de gerenciamento urbano também promovem a participação cidadã ao fornecer canais de comunicação entre os moradores e as autoridades municipais.

Aplicativos móveis e portais online permitem que os cidadãos relatem problemas, acessem informações em tempo real e participem de decisões comunitárias.

Esse engajamento ativo é essencial para criar cidades inteligentes que atendam às necessidades e expectativas dos seus habitantes. Caragliu et al. (2011) observam que a participação cidadã é um componente vital para o sucesso das Smart Cities.

A segurança e a privacidade dos dados são preocupações críticas no contexto das plataformas de gerenciamento urbano. A proteção contra ataques cibernéticos e a garantia de que os dados pessoais dos cidadãos sejam utilizados de forma ética são desafios que precisam ser abordados.

A implementação de políticas de segurança robustas e a transparência no uso dos dados são essenciais para ganhar a confiança dos cidadãos e garantir a sustentabilidade das Smart Cities.

Por fim, as plataformas de gerenciamento urbano devem ser projetadas para serem escaláveis e adaptáveis às necessidades futuras.

A urbanização e o avanço tecnológico continuarão a evoluir, e as plataformas devem ser capazes de se adaptar a essas mudanças.

A flexibilidade na arquitetura e a capacidade de incorporar novas tecnologias são características importantes dessas plataformas.

Schaffers et al. (2011) afirmam que a adaptabilidade e a escalabilidade são essenciais para garantir que as soluções de cidades inteligentes permaneçam relevantes e eficazes no longo prazo.

Logo, a infraestrutura tecnológica das Smart Cities, composta por IoT, redes de comunicação, data centers, cloud computing e plataformas de gerenciamento urbano, é fundamental para a transformação digital das cidades.

A integração dessas tecnologias permite uma gestão mais eficiente e sustentável dos recursos urbanos, melhora a qualidade de vida dos cidadãos e prepara as cidades para enfrentar os desafios futuros.

A colaboração entre governos, empresas e cidadãos, junto com a adoção de políticas de segurança e privacidade robustas, são essenciais para o sucesso das Smart Cities.

Cidades do Amanhã : Rumo à Inteligência Urbana

Dados e Inteligência Artificial

Coleta e Análise de Dados

A coleta e análise de dados são componentes essenciais para o funcionamento das Smart Cities. Com a proliferação de dispositivos conectados, as cidades inteligentes são capazes de gerar uma quantidade massiva de dados diariamente.

Esses dados são coletados a partir de diversas fontes, incluindo sensores de tráfego, câmeras de segurança, contadores de energia, sistemas de transporte público e até mesmo dispositivos pessoais dos cidadãos.

De acordo com Manyika et al. (2011), a capacidade de coletar e analisar dados em tempo real permite que as cidades sejam mais responsivas e eficientes na gestão de seus recursos.

A coleta de dados é apenas o primeiro passo. A análise desses dados é o que realmente transforma informações brutas em insights acionáveis. Ferramentas de análise de dados permitem identificar padrões, prever tendências e otimizar operações urbanas.

Por exemplo, dados de sensores de tráfego podem ser analisados para otimizar os sinais de trânsito, reduzindo congestionamentos e melhorando o fluxo de veículos.

Segundo Glaeser et al. (2013), a análise de dados pode melhorar significativamente a eficiência e a qualidade dos serviços urbanos.

A qualidade dos dados coletados é crucial para a precisão das análises. Dados incompletos ou incorretos podem levar a decisões erradas, afetando negativamente a gestão urbana.

Portanto, é essencial implementar práticas robustas de gerenciamento de dados, incluindo limpeza, validação e integração de dados de diferentes fontes. Chen et al. (2014)

ressalta a importância de técnicas de gerenciamento de dados para garantir que as análises sejam baseadas em informações precisas e confiáveis.

A análise de dados em tempo real é uma característica distintiva das Smart Cities. Tecnologias como a computação em nuvem e a análise preditiva permitem processar grandes volumes de dados instantaneamente, possibilitando respostas rápidas a eventos como acidentes de trânsito ou falhas de infraestrutura.

Harrison et al. (2010) destacam que a capacidade de análise em tempo real é crucial para melhorar a resiliência e a eficiência das operações urbanas.

A coleta de dados deve ser acompanhada de uma abordagem ética e transparente. Questões de privacidade e segurança de dados são preocupações significativas para os cidadãos.

As cidades inteligentes devem implementar políticas rigorosas para proteger os dados pessoais e garantir que sejam utilizados de forma responsável.

A transparência na coleta e uso de dados é essencial para ganhar a confiança dos cidadãos e assegurar o sucesso das iniciativas de cidades inteligentes.

Big Data e sua Aplicação em Cidades Inteligentes

O conceito de Big Data refere-se ao conjunto de dados tão vasto e complexo que as ferramentas tradicionais de gerenciamento de dados não são capazes de processá-lo eficientemente.

Nas Smart Cities, Big Data desempenha um papel crucial ao permitir a análise de grandes volumes de informações geradas pelas atividades urbanas.

Essas análises podem oferecer insights profundos e detalhados sobre diversos aspectos da vida urbana, desde a mobilidade até a gestão de recursos.

De acordo com Manyika et al. (2011), Big Data pode transformar a forma como as cidades funcionam, proporcionando melhorias significativas na eficiência e na tomada de decisões.

Uma das principais aplicações de Big Data em cidades inteligentes é a gestão de tráfego. Dados coletados de sensores de trânsito, câmeras de vigilância e dispositivos de GPS em veículos podem ser analisados para identificar padrões de congestionamento e otimizar o fluxo de tráfego.

Estudos de Zheng et al. (2014) demonstram que a análise de Big Data pode reduzir significativamente os congestionamentos e melhorar a eficiência dos sistemas de transporte público.

Além do tráfego, Big Data é utilizado para melhorar a gestão de energia nas cidades inteligentes. Dados de consumo de energia coletados de redes elétricas inteligentes podem ser analisados para identificar padrões de uso e otimizar a distribuição de energia.

De acordo com Wu et al. (2014), a análise de Big Data pode ajudar a reduzir o consumo de energia e promover a sustentabilidade urbana, implementando estratégias como o ajuste dinâmico de tarifas e a gestão proativa de demanda.

Big Data também desempenha um papel crucial na saúde pública. A análise de dados de saúde pode identificar surtos de doenças, monitorar a eficácia de intervenções e prever futuras necessidades de serviços de saúde.

Estudos de Raghupathi e Raghupathi (2014) destacam que a análise de Big Data em saúde pública pode salvar vidas ao permitir respostas rápidas e bem-informadas a crises sanitárias.

Outra aplicação importante de Big Data é na segurança pública. Dados coletados de câmeras de vigilância, sensores e relatórios de incidentes podem ser analisados para prever e prevenir crimes.

Wang et al. (2017) mostra que a análise preditiva baseada em Big Data pode aumentar significativamente a eficácia das forças de segurança, permitindo uma abordagem mais proativa e direcionada na prevenção do crime.

Big Data também pode melhorar a participação cidadã e a transparência governamental. Dados abertos e plataformas de visualização permitem que os cidadãos acessem informações sobre a gestão da cidade e participem ativamente das decisões comunitárias.

Para Janssen et al. (2012), a transparência e a participação cidadã são essenciais para o sucesso das iniciativas de cidades inteligentes, promovendo um governo mais responsável e responsivo.

Inteligência Artificial: Aplicações e Impactos

A Inteligência Artificial (IA) é uma das tecnologias mais transformadoras no contexto das Smart Cities. Ela permite a automação e a otimização de processos urbanos complexos, melhorando a eficiência e a qualidade dos serviços urbanos.

IA utiliza algoritmos de aprendizado de máquina, redes neurais e outras técnicas avançadas para analisar dados e tomar decisões com base nesses dados.

Conforme Russel e Norvig (2010), a IA pode revolucionar a gestão urbana ao fornecer soluções inovadoras para desafios antigos.

Uma das aplicações mais visíveis da IA em cidades inteligentes é na gestão de tráfego. Algoritmos de aprendizado de máquina podem analisar dados de trânsito em tempo real e ajustar os sinais de trânsito para otimizar o fluxo de veículos. Estudos de Li et al. (2018) mostram que a IA pode reduzir os tempos de viagem e minimizar congestionamentos, melhorando a mobilidade urbana.

A IA também é amplamente utilizada na gestão de recursos energéticos. Algoritmos de aprendizado profundo podem prever a demanda de energia com alta precisão e ajustar a produção e distribuição de acordo.

A aplicação de IA na gestão de energia pode reduzir o consumo e os custos, promovendo uma utilização mais sustentável dos recursos naturais.

Na área da saúde, a IA tem o potencial de transformar a prestação de cuidados médicos. Sistemas de IA podem analisar dados de saúde para diagnosticar doenças precocemente, personalizar tratamentos e prever surtos de doenças.

Estudos de Esteva et al. (2017) mostram que a IA pode igualar ou até superar a precisão dos médicos em certos diagnósticos, melhorando os resultados de saúde dos pacientes.

A segurança pública também se beneficia significativamente da IA. Algoritmos de reconhecimento facial e análise preditiva são utilizados para identificar suspeitos e prever atividades criminosas.

Wang et al. (2017) destacam que a IA pode aumentar a eficiência das forças de segurança, permitindo uma abordagem mais proativa e precisa na prevenção do crime.

Além dessas aplicações específicas, a IA pode melhorar a gestão geral das cidades inteligentes. Sistemas de IA podem integrar e analisar dados de diversas fontes para fornecer uma visão holística das operações urbanas. Isso permite uma gestão mais coordenada e eficiente dos recursos urbanos.

A capacidade de integrar e analisar dados de múltiplas fontes é uma das principais vantagens da IA nas cidades inteligentes.

No entanto, a implementação de IA nas cidades inteligentes não está isenta de desafios. Questões éticas, como a privacidade e a transparência, são preocupações significativas.

É essencial que as cidades adotem políticas claras e transparentes sobre o uso de IA, garantindo que os dados pessoais sejam protegidos e que as decisões algorítmicas sejam justas e explicáveis.

A transparência e a responsabilidade são fundamentais para ganhar a confiança dos cidadãos e assegurar o uso ético da IA.

Energia e Sustentabilidade

Redes Elétricas Inteligentes (Smart Grids)

As redes elétricas inteligentes, também conhecidas como Smart Grids, representam uma evolução significativa na infraestrutura energética das cidades inteligentes. Esses sistemas integram tecnologia de comunicação e automação à rede elétrica tradicional, permitindo uma gestão mais eficiente e resiliente da distribuição de energia.

As Smart Grids são capazes de detectar e responder a falhas de forma automática, reduzindo o tempo de interrupção no fornecimento de energia e melhorando a confiabilidade do sistema.

Uma das principais características das Smart Grids é a capacidade de monitoramento em tempo real do fluxo de energia. Sensores e medidores inteligentes instalados em toda a rede coletam dados sobre o consumo e a demanda de energia, permitindo uma gestão mais precisa e eficiente.

Conforme destacado por Amin et al. (2005), o monitoramento em tempo real é essencial para identificar problemas de forma proativa e otimizar o fluxo de energia na rede.

Mais que monitorar, as Smart Grids facilitam a integração de fontes de energia renovável à rede elétrica. Painéis solares, turbinas eólicas e outras formas de geração distribuída podem ser conectadas à rede de forma mais eficiente, aproveitando ao máximo os recursos naturais disponíveis.

P. Siano et al. (2014) afirma que, a integração de energias renováveis nas Smart Grids reduz a dependência de combustíveis fósseis e contribui para a redução das emissões de carbono.

Outro benefício das Smart Grids é a capacidade de suportar sistemas de armazenamento de energia. Baterias e outros dispositivos de armazenamento podem ser utilizados para armazenar energia durante os períodos de baixa demanda e fornecê-la quando a demanda é alta, ajudando a equilibrar a oferta e a demanda de energia na rede.

De acordo com F. Li e Y. Liu (2018), o armazenamento de energia é fundamental para a integração de fontes intermitentes, como solar e eólica, garantindo um fornecimento contínuo e confiável de eletricidade.

Energias Renováveis e Eficiência Energética

As Smart Cities têm um forte foco na utilização de energias renováveis e na promoção da eficiência energética. Fontes como solar, eólica, hidrelétrica e biomassa são exploradas como alternativas sustentáveis aos combustíveis fósseis.

A energia solar, em particular, tem sido amplamente adotada nas cidades inteligentes devido à sua abundância e baixo impacto ambiental.

De acordo com H. Lund et al. (2014), a energia solar fotovoltaica é uma das formas mais acessíveis e ambientalmente amigáveis de geração de eletricidade.

A eficiência energética é outra prioridade nas Smart Cities. Tecnologias como iluminação LED, sistemas de climatização inteligente e isolamento térmico são adotadas para reduzir o consumo de energia e os custos operacionais dos edifícios e infraestruturas urbanas.

Já para J. Yan et al. (2017), a eficiência energética é essencial para garantir a sustentabilidade a longo prazo das cidades, reduzindo a demanda por recursos naturais e minimizando os impactos ambientais.

Além da geração e consumo de energia, as Smart Cities também se preocupam com o gerenciamento inteligente dos resíduos. Sistemas de coleta seletiva, reciclagem e compostagem são implementados para reduzir a quantidade de resíduos enviados para aterros sanitários e promover uma economia circular.

Conforme observado por A. Joss (2015), o gerenciamento sustentável de resíduos é essencial para minimizar os impactos ambientais e promover a conservação de recursos naturais.

Gestão Sustentável de Recursos

As Smart Cities também adotam uma abordagem sustentável na gestão de outros recursos naturais, como água e ar. Tecnologias de monitoramento e controle são utilizadas para garantir o uso eficiente e responsável desses recursos.

Por exemplo, sistemas de irrigação inteligente podem ajustar automaticamente o uso de água em parques e jardins urbanos com base nas condições climáticas e nas necessidades das plantas.

S. Shafiee e E. Topal (2009) define que a gestão sustentável da água é crucial para enfrentar os desafios da escassez hídrica e da poluição.

Mais que a água, a qualidade do ar é uma preocupação importante para as Smart Cities. Sensores de poluição instalados em toda a cidade monitoram os níveis de poluentes atmosféricos, fornecendo dados em tempo real sobre a qualidade do ar.

Essas informações são utilizadas para desenvolver políticas e medidas de mitigação da poluição, como incentivos para o uso de veículos elétricos e restrições ao tráfego em áreas de alta concentração de poluentes.

Conforme destacado por M. Z. Jacobson et al. (2018), a gestão da qualidade do ar é essencial para proteger a saúde pública e garantir um ambiente urbano seguro e saudável.

Logo, as Smart Cities buscam promover a sustentabilidade energética e ambiental por meio da adoção de redes elétricas inteligentes, energias renováveis, eficiência energética e gestão responsável de recursos naturais.

Essas iniciativas não apenas reduzem os impactos ambientais das atividades urbanas, mas também contribuem para a construção de cidades mais resilientes, saudáveis e habitáveis para os cidadãos.

A integração de tecnologia, planejamento urbano e políticas ambientais é essencial para alcançar esses objetivos e garantir um futuro sustentável para as gerações futuras.

Parte II: Componentes das Smart Cities

As Smart Cities são complexos sistemas urbanos impulsionados pela inovação e pela tecnologia, que buscam proporcionar uma melhor qualidade de vida aos cidadãos enquanto promovem a eficiência e a sustentabilidade.

Esta parte do livro se dedica a explorar os principais componentes que compõem essas cidades inteligentes, destacando como cada um deles contribui para a construção de ambientes urbanos mais conectados, eficientes e inclusivos.

A integração harmoniosa de diversos elementos é fundamental para o funcionamento eficaz das Smart Cities.

Desde a infraestrutura tecnológica até os sistemas de transporte e energia, cada componente desempenha um papel crucial na configuração do ambiente urbano do futuro.

Nesta parte, examinaremos em detalhes os principais pilares das Smart Cities, abordando suas características, benefícios e desafios.

Ao compreender os componentes essenciais das Smart Cities, os gestores urbanos, planejadores e profissionais de tecnologia estarão melhor preparados para enfrentar os desafios da urbanização moderna e promover o desenvolvimento de cidades mais inteligentes, sustentáveis e resilientes.

Ao adotar uma abordagem holística e integrada, podemos construir um futuro urbano onde a inovação e a tecnologia trabalhem em prol do bem-estar de todos os cidadãos.

Transporte e Mobilidade

O transporte e a mobilidade são aspectos essenciais da vida urbana, e as Smart Cities estão redefinindo esses conceitos através da inovação e da tecnologia.

Ao integrar soluções inteligentes de transporte, essas cidades buscam não apenas melhorar a eficiência dos deslocamentos, mas também reduzir congestionamentos, poluição e emissões de carbono, promovendo assim uma vida urbana mais sustentável e conectada.

O transporte público inteligente é uma peça fundamental no quebra-cabeça da mobilidade urbana nas Smart Cities. Sistemas de transporte público eficientes e bem planejados são essenciais para garantir que os cidadãos possam se deslocar de forma rápida, segura e acessível dentro da cidade.

Esses sistemas incluem ônibus, trens e metrôs equipados com tecnologia de ponta para otimizar rotas, horários e tarifas.

O desenvolvimento de sistemas de transporte público inteligentes pode levar a uma redução significativa do tráfego nas ruas, além de promover uma distribuição mais equitativa dos recursos de transporte entre os cidadãos.

Com a implementação de soluções como o rastreamento em tempo real de ônibus e trens, os passageiros podem planejar seus deslocamentos com maior precisão, reduzindo o tempo de espera e melhorando a experiência de viagem.

Os veículos autônomos e elétricos representam uma revolução no cenário da mobilidade urbana.

Esses veículos, equipados com tecnologia de condução autônoma e alimentados por energia elétrica, têm o potencial de transformar radicalmente a forma como nos deslocamos dentro das cidades.

Ao eliminar a necessidade de motoristas humanos e reduzir as emissões de gases poluentes, os veículos autônomos e elétricos prometem tornar os deslocamentos mais seguros, limpos e eficientes.

Os veículos autônomos têm o potencial de reduzir drasticamente o número de acidentes de trânsito, uma vez que a maioria desses acidentes é causada por erros humanos.

Ao adotar veículos elétricos, as cidades podem diminuir sua dependência de combustíveis fósseis e reduzir suas emissões de carbono, contribuindo assim para a luta contra as mudanças climáticas e a poluição do ar.

Os sistemas de compartilhamento de veículos também desempenham um papel importante na promoção da mobilidade urbana sustentável.

Cidades do Amanhã : Rumo à Inteligência Urbana

Através de aplicativos de compartilhamento de carros, bicicletas e patinetes, os cidadãos podem alugar veículos por períodos curtos e pagar apenas pelo tempo de uso.

Assim, há incentivos para a utilização de transporte público e meios de locomoção não motorizados, reduzindo a necessidade de posse de veículos particulares e os problemas associados, como congestionamentos e poluição.

Destacado por Shaheen et al. (2017), os sistemas de compartilhamento de veículos têm o potencial de reduzir significativamente o número de veículos nas ruas, liberando espaço e melhorando a fluidez do tráfego.

Adicionalmente, ao oferecer uma alternativa conveniente e acessível ao transporte individual, esses sistemas promovem uma cultura de mobilidade mais sustentável e colaborativa entre os cidadãos das Smart Cities.

Segurança e Governança

A segurança e a governança são pilares fundamentais para o funcionamento eficiente e sustentável das Smart Cities.

Esses aspectos não apenas garantem a proteção dos cidadãos e de seus direitos, mas também promovem a transparência, a participação cidadã e a eficácia das políticas urbanas.

O monitoramento e a segurança pública são áreas prioritárias para as Smart Cities, que buscam garantir um ambiente urbano seguro e protegido para todos os seus habitantes.

Sistemas de monitoramento avançados, como câmeras de vigilância, sensores de movimento e análise de vídeo em tempo real, são implementados em toda a cidade para detectar e prevenir atividades criminosas e incidentes de segurança.

O uso de tecnologias de vigilância e monitoramento pode ajudar as autoridades a identificar padrões de criminalidade e a responder rapidamente a eventos de emergência, aumentando assim a eficácia das forças policiais e melhorando a segurança pública como um todo.

A participação cidadã e a governança digital são princípios-chave das Smart Cities, que buscam envolver os cidadãos no processo de tomada de decisões e no planejamento urbano.

Através de plataformas digitais e aplicativos móveis, os moradores podem comunicar problemas, fazer sugestões e participar ativamente do desenvolvimento de suas comunidades.

Como destacado por Esteves et al. (2017), a governança digital permite uma maior transparência e responsabilidade por parte das autoridades locais, ao mesmo tempo em que fortalece o vínculo entre governo e cidadãos, promovendo uma colaboração mais eficaz na gestão urbana.

A transparência e os dados abertos são aspectos essenciais da governança nas Smart Cities, que buscam promover a acessibilidade e o compartilhamento de informações entre todos os stakeholders urbanos.

Pelos portais de dados abertos e políticas de transparência, as cidades inteligentes disponibilizam informações sobre orçamentos, projetos de infraestrutura, dados demográficos e outras áreas de interesse público.

Ressaltado por Janssen et al. (2012), a abertura de dados governamentais permite uma maior accountability por parte das autoridades, ao mesmo tempo em que estimula a inovação, o empreendedorismo e o desenvolvimento de soluções urbanas baseadas em evidências.

No entanto, a implementação de sistemas de monitoramento e segurança pode levantar questões éticas e de privacidade que precisam ser cuidadosamente consideradas. O uso generalizado de câmeras de vigilância e tecnologias de reconhecimento facial pode gerar preocupações sobre o monitoramento em massa e a violação da privacidade dos cidadãos.

Para van Zoonen (2016), é essencial encontrar um equilíbrio entre a segurança pública e o respeito aos direitos individuais, adotando políticas e práticas que protejam a privacidade e garantam a confiança da população nos sistemas de vigilância urbana.

Além disso, a governança digital pode enfrentar desafios relacionados à inclusão digital e à disparidade de acesso à tecnologia entre diferentes grupos sociais.

Nem todos os cidadãos têm acesso igualitário à internet e dispositivos digitais, o que pode criar divisões e exclusão dentro da sociedade urbana.

De acordo com Heeks (2017), é fundamental garantir que as iniciativas de governança digital sejam inclusivas e equitativas, promovendo a participação de todos os segmentos da população na vida urbana e na tomada de decisões.

Saúde e Bem-Estar

A saúde e o bem-estar são preocupações fundamentais em qualquer comunidade urbana, e as Smart Cities estão aplicando tecnologia e inovação para melhorar esses aspectos da vida urbana.

Os serviços de saúde digital estão se tornando cada vez mais comuns nas Smart Cities, oferecendo uma ampla gama de soluções para melhorar o acesso à saúde e a qualidade dos cuidados médicos.

A telemedicina, por exemplo, permite que os pacientes consultem médicos remotamente, reduzindo a necessidade de deslocamentos e facilitando o acesso aos serviços de saúde, especialmente em áreas onde os recursos são limitados.

De acordo com a Organização Mundial da Saúde (OMS), a telemedicina pode ser especialmente útil para pacientes com condições crônicas que requerem monitoramento regular, permitindo uma gestão mais eficaz da saúde a longo prazo.

O monitoramento ambiental é outro aspecto importante das Smart Cities, que buscam garantir que seus habitantes respirem ar limpo e desfrutem de ambientes urbanos saudáveis. Sensores e dispositivos conectados são implantados em toda a cidade para monitorar a qualidade do ar, os níveis de poluição sonora e outros fatores ambientais que afetam a saúde pública.

Com base nos dados coletados, as autoridades podem implementar medidas para reduzir a poluição e proteger a saúde dos cidadãos, como políticas de transporte sustentável e o estabelecimento de áreas verdes e parques urbanos.

A promoção da saúde e do bem-estar é uma prioridade para as Smart Cities, que reconhecem a importância de abordar não apenas as doenças, mas também os fatores determinantes da saúde.

Iniciativas que incentivam a prática de exercícios físicos, a alimentação saudável e o contato com a natureza são implementadas em toda a cidade, visando criar ambientes que promovam estilos de vida ativos e saudáveis.

Como destacado por Crane et al. (2015), investir em espaços públicos acessíveis, ciclovias e programas de atividade física pode ter um impacto significativo na saúde e no bem-estar da população urbana, reduzindo o risco de doenças crônicas e melhorando a qualidade de vida.

A implementação de serviços de saúde digital e iniciativas de promoção da saúde podem enfrentar desafios relacionados à acessibilidade e à equidade.

Nem todos os cidadãos têm acesso igualitário à tecnologia ou oportunidades para adotar estilos de vida saudáveis, o que pode exacerbar as desigualdades de saúde existentes dentro da sociedade urbana.

É crucial que as Smart Cities adotem uma abordagem inclusiva e holística para a saúde, considerando as necessidades de todos os segmentos da população e promovendo a equidade no acesso aos serviços de saúde e oportunidades de bem-estar.

Exemplos e Estudos de Caso

Ao examinar casos específicos de Smart Cities, podemos entender melhor como diferentes abordagens e soluções estão sendo implementadas em contextos urbanos diversos.

Dos bairros inteligentes de Barcelona às inovações de mobilidade em Singapura, cada exemplo oferece uma perspectiva única sobre o potencial e os desafios das cidades inteligentes.

Além de destacar os sucessos, também examinaremos os obstáculos enfrentados por essas cidades, incluindo questões como privacidade, segurança de dados e inclusão digital.

Ao aprender com as experiências passadas, podemos identificar oportunidades para aprimorar e adaptar as estratégias de Smart Cities, construindo assim um futuro urbano mais sustentável e inclusivo

Parte III : Cidades Pioneiras em Smart Cities

Estudo de caso: Barcelona

Barcelona é amplamente reconhecida como uma das cidades pioneiras no movimento das Smart Cities, implementando uma variedade de iniciativas inovadoras para melhorar a qualidade de vida de seus cidadãos e promover a sustentabilidade urbana.

Uma das iniciativas mais emblemáticas de Barcelona é o programa "Superilles" ou "Super Quadras", que transforma ruas e espaços urbanos em áreas pedestres e espaços verdes.

Segundo Batty, et al. (2012), esta abordagem visa reduzir o tráfego de veículos, melhorar a qualidade do ar e criar espaços públicos mais acessíveis e vibrantes.

Através do redesenho urbano, Barcelona demonstra como a infraestrutura pode ser adaptada para promover um estilo de vida mais saudável e sustentável.

A revitalização de espaços urbanos abandonados também é uma prioridade. Por meio de programas de revitalização de áreas degradadas urbanas e iniciativas de revitalização, a cidade transformou antigas áreas industriais em espaços culturais e econômicos vibrantes, como o distrito de Poblenou (Batty et al., 2012).

Barcelona tem investido em tecnologias inteligentes para melhorar a eficiência dos serviços urbanos e a experiência dos cidadãos.

Por exemplo, o sistema de iluminação pública inteligente da cidade utiliza sensores e iluminação LED para otimizar o consumo de energia e reduzir os custos operacionais (Hollands, 2008).

Essa abordagem não apenas contribui para a sustentabilidade ambiental, mas também melhora a segurança nas ruas e espaços públicos.

Outra área em que Barcelona se destaca é a governança digital e a participação cidadã. Plataformas online e aplicativos móveis podem envolver ativamente os cidadãos na tomada de decisões e contribuir para o desenvolvimento da cidade (Komninos, 2002).

Esta democracia e transparência fortalece o vínculo entre governo e população, promovendo uma governança mais eficaz e responsável.

Além das iniciativas mencionadas, Barcelona também se destaca por sua abordagem inovadora no campo da mobilidade urbana. O sistema de transporte público da cidade é amplamente reconhecido por sua eficiência e integração.

A introdução do Bicing, um sistema de compartilhamento de bicicletas, e a expansão do metrô e ônibus elétricos demonstram o compromisso de Barcelona em reduzir o congestionamento e as emissões de carbono (Hollands, 2008).

Na saúde, Barcelona implementou sistemas de saúde digital que permitem aos pacientes acessar informações médicas, agendar consultas e receber tratamento remotamente (Komninos, 2002). Assim, não apenas aumenta o acesso aos cuidados de saúde, mas também reduz os custos e melhora os resultados clínicos.

A cidade catalã, no entanto, também enfrenta desafios significativos em sua jornada para se tornar uma Smart City totalmente funcional.

Questões como privacidade de dados, inclusão digital e desigualdade socioeconômica continuam sendo preocupações importantes (Hollands, 2008).

Para garantir que os benefícios da digitalização e da inovação sejam equitativamente distribuídos, a cidade precisa adotar políticas e estratégias que promovam a inclusão e a justiça social.

Outro ponto é a gentrificação e o aumento dos custos de moradia são preocupações crescentes, ameaçando a diversidade e a identidade cultural da cidade (Hollands, 2008).

Em última análise, o caso de Barcelona exemplifica as complexidades e as oportunidades associadas ao desenvolvimento de Smart Cities.

Ao abordar questões como mobilidade, saúde, revitalização urbana e desigualdade social, a cidade está pavimentando o caminho para um futuro urbano mais inclusivo, sustentável e resiliente.

Estudo de caso: Singapura

Singapura é amplamente reconhecida como uma das principais referências em Smart Cities, sendo um exemplo de eficiência e inovação urbana.

A cidade-estado, conhecida por sua gestão eficaz e visão de longo prazo, tem se destacado na implementação de tecnologias inteligentes para enfrentar desafios urbanos complexos e melhorar a qualidade de vida de seus habitantes.

Uma das características distintivas de Singapura como Smart City é sua abordagem integrada à infraestrutura digital. A cidade investiu significativamente em infraestrutura de TI robusta, incluindo redes de comunicação de alta velocidade e cobertura Wi-Fi abrangente em espaços públicos.

Essa conectividade generalizada é fundamental para suportar uma série de serviços inteligentes, desde transporte público até soluções de saúde digital.

Além disso, Singapura é líder na adoção de tecnologias avançadas, como Internet das Coisas (IoT) e Inteligência Artificial (IA), para otimizar a eficiência operacional e melhorar a experiência dos cidadãos.

Por exemplo, a cidade implementou sistemas de transporte inteligentes que utilizam sensores para monitorar o tráfego em tempo real e ajustar os semáforos para minimizar congestionamentos.

Essas soluções não apenas melhoram a mobilidade urbana, mas também reduzem as emissões de carbono e aumentam a eficiência energética.

Outro aspecto essencial do modelo de Smart City de Singapura é sua abordagem proativa à sustentabilidade ambiental.

A cidade investiu em energia limpa e eficiência energética, promovendo o uso de veículos elétricos e expandindo sua infraestrutura de energias renováveis.

Além disso, Singapura adotou medidas para otimizar o uso de recursos, como água e energia, através de sistemas de monitoramento e gestão inteligente.

Singapura também se destaca por sua abordagem inovadora à governança e participação cidadã.

A cidade implementou plataformas digitais que permitem aos cidadãos interagir com o governo, fornecer feedback e participar ativamente do processo de tomada de decisões.

Nesse contexto, transparência e engajamento fortalecem a confiança entre governo e população e promovem uma governança mais responsável e receptiva.

No entanto, Singapura enfrenta desafios à medida que continua sua jornada rumo à plena realização do conceito de Smart City.

Questões como privacidade de dados, segurança cibernética e inclusão digital são preocupações crescentes que exigem atenção contínua. Além disso, a cidade está constantemente buscando maneiras de equilibrar o desenvolvimento urbano com a preservação da identidade cultural e o bem-estar de seus cidadãos.

Em resumo, o caso de Singapura ilustra os benefícios tangíveis e os desafios complexos associados à transformação em uma Smart City.

Ao adotar uma abordagem holística que integra tecnologia, sustentabilidade e participação cidadã, Singapura continua a moldar o futuro do urbanismo global e servir como um modelo inspirador para outras cidades em todo o mundo.

Cidades do Amanhã : Rumo à Inteligência Urbana

Estudo de caso: Amsterdã

Amsterdã é um exemplo inspirador de como uma cidade pode integrar tecnologia, sustentabilidade e qualidade de vida para se tornar uma Smart City líder. Com uma longa história de inovação e uma cultura de progresso, Amsterdã adotou uma série de iniciativas inteligentes para enfrentar os desafios urbanos e promover o bem-estar de seus habitantes.

Um dos aspectos mais notáveis do modelo de Smart City de Amsterdã é sua abordagem à mobilidade urbana. A cidade é conhecida por suas extensas ciclovias e por promover o uso da bicicleta como meio de transporte sustentável.

De acordo com dados de Schwanen e Dijst (2004), aproximadamente 60% dos deslocamentos diários em Amsterdã são feitos de bicicleta.

A cidade também investiu em infraestrutura para veículos elétricos e sistemas de transporte público eficientes, reduzindo significativamente a dependência de carros particulares e as emissões de carbono.

Outro aspecto fundamental do sucesso de Amsterdã como Smart City é sua abordagem inovadora à gestão de energia e recursos. A cidade implementou uma série de medidas para promover a eficiência energética e a adoção de energias renováveis.

Por exemplo, Amsterdã possui um programa ambicioso de retrofit de edifícios antigos para torná-los mais sustentáveis e energeticamente eficientes (Fonseca et al., 2012). Além disso, a cidade está investindo em projetos de energia solar e eólica, visando se tornar neutra em carbono até 2050.

Amsterdã também se destaca por sua abordagem centrada no cidadão à governança e inovação. A cidade adotou uma abordagem colaborativa para o desenvolvimento de políticas públicas, envolvendo ativamente os cidadãos em processos de consulta e tomada de decisões.

Pioneira na abertura de dados governamentais, permitiu que os cidadãos acessem e utilizem informações para criar soluções inovadoras para os desafios urbanos (Van Winden et al., 2014). Essa cultura de transparência e participação cidadã fortalece o vínculo entre governo e população e promove uma governança mais responsável e inclusiva.

Em Amsterdã, a inovação não se limita apenas ao aspecto técnico, mas também se estende ao modo como a cidade promove uma cultura de sustentabilidade e inclusão. Uma das características marcantes é a reutilização adaptativa de espaços urbanos.

Antigos armazéns e fábricas foram transformados em espaços culturais, escritórios compartilhados e locais de eventos, revitalizando áreas antes subutilizadas e promovendo uma economia criativa e dinâmica (Gospodini, 2002).

A capital holandesa está na vanguarda da integração de tecnologia para melhorar a qualidade de vida de seus cidadãos.

O uso de sensores inteligentes e sistemas de monitoramento permite que a cidade colete dados em tempo real sobre tráfego, poluição do ar e qualidade da água, entre outros aspectos.

Essas informações são fundamentais para a tomada de decisões baseadas em evidências e para o desenvolvimento de políticas públicas eficazes (Komninos, 2008).

Outro aspecto notável é o compromisso de Amsterdã com a resiliência urbana. A cidade reconhece os desafios impostos pelas mudanças climáticas e está implementando medidas para se adaptar e mitigar seus impactos.

Projetos de infraestrutura verde, como a criação de parques urbanos e a instalação de telhados verdes, ajudam a reduzir o risco de enchentes e melhoram a qualidade do ar, enquanto também fornecem espaços de lazer e recreação para os residentes (Tomaszewski, 2014).

Apesar de seus sucessos, Amsterdã continua a enfrentar obstáculos em sua jornada para se tornar uma Smart City totalmente funcional.

A falta de padrões de interoperabilidade e a fragmentação das soluções tecnológicas são desafios persistentes que dificultam a integração e a escalabilidade de projetos inovadores (Hollands, 2008).

Além disso, a cidade precisa abordar questões como o acesso equitativo à tecnologia e a proteção da privacidade dos dados para garantir que todos os cidadãos se beneficiem do progresso tecnológico.

Em conclusão, Amsterdã é um exemplo inspirador de como uma cidade pode adotar uma abordagem holística e integrada para enfrentar os desafios urbanos do século XXI.

Ao combinar inovação tecnológica, sustentabilidade ambiental e inclusão social, Amsterdã continua a se destacar como uma das Smart Cities mais progressistas do mundo, moldando o futuro do urbanismo global.

Projetos e Iniciativas em Desenvolvimento

Projetos em cidades emergentes

Para entender completamente o panorama das Smart Cities, é essencial examinar não apenas as metrópoles estabelecidas, mas também as cidades emergentes que estão começando a adotar tecnologias inteligentes e soluções inovadoras para enfrentar seus desafios urbanos.

Em cidades emergentes, os projetos e iniciativas em desenvolvimento muitas vezes refletem uma abordagem adaptativa e contextualizada, moldada pelas necessidades e recursos específicos de cada localidade.

Um exemplo notável de projeto em uma cidade emergente é o programa de transporte público inteligente em Medellín, na Colômbia. Conhecida por sua história de violência urbana e desigualdade socioeconômica, Medellín implementou um sistema de transporte inovador, incluindo bondes, teleféricos e escadas rolantes públicas, para conectar bairros marginalizados às áreas centrais da cidade (Restrepo, 2014).

A cidade colombiana não apenas melhorou a acessibilidade e a mobilidade dos residentes, mas também contribuiu para a revitalização econômica e social de áreas historicamente negligenciadas.

Outro exemplo é o projeto de energia renovável em Bangalore, na Índia. Como uma das cidades mais densamente povoadas e poluídas do mundo, Bangalore enfrenta desafios significativos em relação à qualidade do ar e ao acesso à energia limpa.

Para abordar essas questões, a cidade está implementando iniciativas de energia solar em larga escala, incluindo a instalação de painéis solares em edifícios públicos e residenciais (Sudhira, et al., 2007).

Essa transição para fontes de energia renovável não apenas reduzirá a dependência de combustíveis fósseis, mas também ajudará a mitigar os impactos das mudanças climáticas e a promover a sustentabilidade urbana a longo prazo.

Podemos citar que várias cidades emergentes estão explorando soluções inovadoras para enfrentar desafios específicos, como gestão de resíduos, acesso à água potável e segurança pública.

Por exemplo, Lagos, na Nigéria, está implementando sistemas de coleta de lixo inteligentes que utilizam sensores para monitorar o status dos recipientes de lixo e otimizar as rotas de coleta (Oyebisi et al., 2018). Assim não apenas melhora a eficiência da coleta de resíduos, mas também reduz o desperdício e promove uma gestão mais sustentável dos recursos.

No entanto, apesar do potencial promissor desses projetos e iniciativas, as cidades emergentes enfrentam desafios significativos em sua jornada rumo à inteligência urbana. Questões como financiamento, capacitação técnica e coordenação interinstitucional muitas vezes representam obstáculos para a implementação bem-sucedida de projetos inovadores (Huang et al., 2017).

A rápida urbanização e o crescimento populacional podem sobrecarregar a infraestrutura existente, aumentando a pressão sobre os serviços urbanos e exacerbando as desigualdades socioeconômicas.

Iniciativas regionais e internacionais

As Smart Cities não são apenas um fenômeno localizado; elas também têm implicações em nível regional e internacional. As iniciativas regionais e internacionais desempenham um papel crucial no compartilhamento de conhecimento, na colaboração entre cidades e na promoção de padrões e diretrizes comuns para o desenvolvimento urbano inteligente.

Um exemplo de iniciativa regional é a União Europeia, que lançou o programa Horizonte 2020 para financiar projetos de pesquisa e inovação em áreas como energia, transporte e TIC (Tecnologias da Informação e Comunicação) voltados para o desenvolvimento de cidades inteligentes (Caragliu et al., 2011).

Nesse sentido facilita que as cidades europeias compartilhem boas práticas, desenvolvam soluções conjuntas e beneficiam-se mutuamente do conhecimento e da experiência coletiva.

Organizações internacionais, como as Nações Unidas, desempenham um papel fundamental na promoção da agenda das Smart Cities em escala global.

Iniciativas como a Agenda 2030 para o Desenvolvimento Sustentável, a ONU engaja os países a adotarem abordagens integradas para enfrentar os desafios urbanos e promover a sustentabilidade (United Nations, 2015). Isso inclui a promoção de cidades inclusivas, seguras, resilientes e sustentáveis em todo o mundo.

Outro exemplo é a Rede Global de Cidades Inteligentes (GSCN), uma plataforma que facilita a colaboração entre cidades, empresas, instituições acadêmicas e organizações governamentais para promover o desenvolvimento de cidades inteligentes em nível internacional (Ahvenniemi et al., 2017).

Essa rede permite que as cidades compartilhem conhecimentos, experiências e recursos, além de promover parcerias estratégicas para a implementação de projetos conjuntos.

Apesar dos benefícios potenciais das iniciativas regionais e internacionais, também existem desafios significativos a serem superados. Questões como diferenças culturais, políticas e econômicas podem dificultar a colaboração e a cooperação entre cidades de diferentes regiões do mundo (Komninos et al., 2014).

Questões de soberania e autonomia das cidades podem surgir ao lidar com diretrizes e padrões globais para o desenvolvimento urbano inteligente.

Colaborações público-privadas

As colaborações público-privadas desempenham um papel fundamental no desenvolvimento e na implementação de projetos de Smart Cities, aproveitando os recursos e a experiência de ambos os setores para impulsionar a inovação e a eficiência urbana.

São essenciais para superar os desafios financeiros, técnicos e regulatórios associados ao desenvolvimento de infraestrutura e serviços urbanos inteligentes.

Um exemplo notável de colaboração público-privada é o programa "Sidewalk Toronto", uma parceria entre a Sidewalk Labs (subsidiária da Alphabet Inc.) e a cidade de Toronto, no Canadá.

Este projeto visa transformar uma área industrial subutilizada em uma comunidade urbana inteligente e sustentável, incorporando tecnologias inovadoras para melhorar a qualidade de vida dos residentes e visitantes (Albino et al., 2015). Através desta parceria, o setor privado traz sua experiência em tecnologia e inovação, enquanto o setor público contribui com sua compreensão das necessidades locais e sua capacidade de regulamentação.

Outro exemplo é o programa "Chicago Array of Things", uma colaboração entre a cidade de Chicago e várias instituições acadêmicas e empresas privadas. O projeto envolve a instalação de sensores em postes de luz em toda a cidade para coletar dados em tempo real sobre o ambiente urbano, incluindo qualidade do ar, ruído e temperatura (Albino et al., 2015). Esses dados são então disponibilizados ao público e utilizados para informar políticas e decisões urbanas.

As parcerias público-privadas também desempenham um papel importante no financiamento de projetos de Smart Cities.

Empresas privadas muitas vezes investem em infraestrutura e serviços urbanos em troca de oportunidades de negócios e retornos financeiros. Por exemplo, empresas de tecnologia podem fornecer equipamentos e soluções tecnológicas em troca de contratos de longo prazo para operar e manter esses sistemas (Albino et al., 2015). Consequentemente, as cidades implementam soluções inovadoras sem incorrer em custos significativos de capital.

Embora as parcerias público-privadas também apresentam desafios, como questões relacionadas à propriedade e privacidade dos dados, equidade no acesso aos serviços urbanos e transparência na tomada de decisões (Albino et al., 2015).

É fundamental que essas parcerias sejam estruturadas de forma a garantir que os interesses públicos sejam protegidos e que os benefícios sejam distribuídos de forma equitativa entre todos os membros da comunidade.

Em resumo, as colaborações público-privadas são essenciais para impulsionar a inovação e a eficiência nas Smart Cities, aproveitando os recursos e a experiência de ambos os setores.

No entanto, é importante que essas parcerias sejam cuidadosamente planejadas e executadas para garantir que os interesses públicos sejam atendidos e que os benefícios sejam compartilhados de forma justa e equitativa.

Parte IV: Desafios e Futuro das Smart Cities

Na busca incessante por soluções inovadoras e sustentáveis para os desafios urbanos, as Smart Cities emergiram como uma promessa de futuro, oferecendo a promessa de cidades mais eficientes, conectadas e habitáveis.

À medida que avançamos para uma era cada vez mais digitalizada e interconectada, surgem uma série de desafios que precisam ser enfrentados para garantir que esse futuro seja verdadeiramente inclusivo e sustentável.

A Parte IV deste livro visa explorar esses desafios e refletir sobre o que está por vir para as Smart Cities.

Os desafios enfrentados pelas Smart Cities são multifacetados e abrangem uma variedade de áreas, desde a proteção de dados e a segurança cibernética até questões de equidade e inclusão social.

A rápida urbanização e o aumento da população nas cidades colocam uma pressão adicional sobre os recursos urbanos, exigindo soluções inovadoras para garantir o acesso equitativo a serviços básicos, como transporte, saúde e moradia.

Com a crescente dependência da tecnologia e da conectividade digital, as cidades estão expostas a novas ameaças, como ciberataques e violações de privacidade.

A proteção de dados e a segurança cibernética tornam-se, portanto, preocupações críticas na era das Smart Cities, exigindo medidas robustas para garantir a integridade e a confidencialidade das informações pessoais dos cidadãos.

Ao mesmo tempo, as Smart Cities enfrentam o desafio de garantir que a tecnologia seja usada como uma ferramenta para promover a inclusão social e reduzir as disparidades existentes.

A exclusão digital e a falta de acesso equitativo à tecnologia podem agravar as desigualdades existentes, criando uma divisão entre os que têm acesso aos benefícios das Smart Cities e os que não têm.

Por fim, à medida que avançamos para o futuro, é essencial considerar como as Smart Cities podem evoluir para enfrentar os desafios emergentes, como as mudanças climáticas, o envelhecimento da população e as pandemias globais.

A adaptação e a resiliência serão fundamentais para garantir que as cidades do futuro possam enfrentar esses desafios de forma eficaz e sustentável.

Nesta seção do livro, exploraremos essas questões e examinaremos as tendências e estratégias que moldaram o futuro das Smart Cities.

Desafios Tecnológicos e Sociais

A superação dos desafios tecnológicos e sociais nas Smart Cities requer uma abordagem holística que leve em consideração tanto as barreiras tecnológicas quanto às questões sociais subjacentes.

De acordo com observado por Mitchell et al. (2017), a implementação bem-sucedida de tecnologias em áreas urbanas requer não apenas infraestrutura robusta, mas também uma compreensão profunda das necessidades e contextos sociais dos cidadãos.

As barreiras tecnológicas podem se manifestar de várias formas, desde a falta de infraestrutura de conectividade até a escassez de habilidades técnicas necessárias para implementar e manter sistemas complexos.

Como apontado por Caragliu et al. (2009), as disparidades de infraestrutura digital entre diferentes áreas urbanas podem criar divisões significativas, impedindo o acesso equitativo aos benefícios das Smart Cities.

Adicionalmente às barreiras tecnológicas, as questões de privacidade e segurança de dados representam um desafio fundamental para o desenvolvimento das Smart Cities.

Como destacado por Ratti e Townsend (2011), a coleta massiva de dados nas cidades pode levantar preocupações éticas e legais sobre a privacidade dos cidadãos, exigindo medidas robustas de proteção de dados e transparência.

A inclusão digital e a desigualdade representam outro conjunto de desafios sociais que precisam ser enfrentados.

Como salientado por Graham et al. (2015), o acesso desigual à tecnologia pode agravar as disparidades existentes, marginalizando grupos vulneráveis e excluindo aqueles que não têm acesso à infraestrutura digital necessária para participar plenamente da vida urbana.

Para abordar esses desafios, é essencial adotar uma abordagem inclusiva e participativa que envolva todos os segmentos da sociedade na concepção e implementação de soluções tecnológicas.

As Smart Cities devem ser construídas com e para os cidadãos, garantindo que as tecnologias atendam às suas necessidades e preocupações.

A capacitação digital e o desenvolvimento de habilidades são componentes essenciais para promover a inclusão digital e reduzir as desigualdades.

Como observado por Hollands (2008), programas de capacitação e educação digital podem ajudar a equipar os cidadãos com as habilidades necessárias para aproveitar ao máximo as oportunidades oferecidas pelas Smart Cities.

É crucial adotar políticas e regulamentações que protejam os direitos dos cidadãos em relação à privacidade e segurança de dados. Abordagens centradas no cidadão e na transparência podem ajudar a construir a confiança do público nas iniciativas de Smart Cities e garantir o uso ético e responsável da tecnologia.

De papel fundamental na superação dos desafios tecnológicos e sociais, a colaboração entre o setor público, privado e a sociedade civil é ponto crítico.

Como salientado por Caragliu et al. (2009), parcerias colaborativas podem catalisar a inovação e promover a inclusão, permitindo que diferentes partes interessadas contribuam com suas perspectivas e recursos.

Mais que isso, é importante adotar uma abordagem sensível ao contexto, reconhecendo que as soluções tecnológicas podem ter impactos diferenciados em diferentes comunidades e grupos sociais.

Como observado por Ratti e Townsend (2011), às Smart Cities devem ser adaptadas às necessidades locais e culturais, garantindo que as tecnologias sejam acessíveis e relevantes para todos.

A educação e a sensibilização pública também desempenham um papel crucial na promoção da inclusão digital e na mitigação das desigualdades. Campanhas de conscientização e programas de alfabetização digital podem ajudar a capacitar os cidadãos a aproveitar ao máximo as oportunidades oferecidas pelas Smart Cities.

Em última análise, a superação dos desafios tecnológicos e sociais requer uma abordagem colaborativa e centrada no cidadão que leve em consideração as necessidades e preocupações de todos os segmentos da sociedade.

Como enfatizado por Mitchell et al. (2017), as Smart Cities só serão verdadeiramente bem-sucedidas se forem inclusivas, equitativas e sensíveis ao contexto.

Políticas Públicas e Regulação

As políticas públicas desempenham um papel fundamental no desenvolvimento e na regulamentação das Smart Cities, moldando o ambiente em que as iniciativas de urbanização inteligente podem prosperar.

Como observado por Caragliu, Del Bo, e Nijkamp (2009), políticas de incentivo, como subsídios e incentivos fiscais, podem estimular o investimento privado em infraestrutura tecnológica e inovação urbana.

Mais que incentivos financeiros, às políticas de regulação desempenham um papel crucial na garantia da segurança, privacidade e interoperabilidade das tecnologias utilizadas nas Smart Cities.

Para Mitchell, Bulkeley, e Wachsmuth (2017), regulamentações claras e transparentes podem promover a confiança do público e atrair investimentos para projetos de urbanização inteligente.

A padronização e a harmonização de normas internacionais são essenciais para garantir a interoperabilidade e a compatibilidade entre sistemas e tecnologias utilizadas em diferentes Smart Cities ao redor do mundo.

Logo, a falta de padronização pode criar barreiras significativas para a cooperação e a troca de dados entre cidades, limitando o potencial de inovação e colaboração.

O papel dos governos, tanto em nível local quanto nacional, é fundamental na formulação e implementação de políticas que promovam o desenvolvimento das Smart Cities.

Karvonen e van Heur (2014) salientam que os governos desempenham um papel de liderança na definição de metas e prioridades para a urbanização inteligente, bem como na coordenação de esforços entre diferentes partes interessadas.

As organizações internacionais desempenham um papel importante na promoção da cooperação e da colaboração entre as Smart Cities em todo o mundo.

Hollands (2008) observa que organizações como a ONU e a União Europeia desempenham um papel crucial na articulação de políticas e na facilitação do compartilhamento de boas práticas entre as cidades.

Há também desafios no que tange o desenvolvimento de políticas públicas eficazes para as Smart Cities, tais como a rápida evolução das tecnologias e das práticas urbanas pode superar facilmente a capacidade dos governos de acompanhar e regular essas mudanças, o que exige abordagens flexíveis e adaptáveis.

Já a complexidade e a interdependência dos sistemas urbanos também representam um desafio para a formulação de políticas eficazes.

Destacado por Mitchell et al. (2017), as Smart Cities são sistemas complexos e dinâmicos, nos quais mudanças em uma área podem ter efeitos imprevistos em outras, exigindo uma abordagem integrada e holística para a formulação de políticas.

As políticas públicas para as Smart Cities devem abordar não apenas as questões técnicas e econômicas, mas também as preocupações sociais e éticas associadas à digitalização e à urbanização inteligente.

Hollands (2008) observa que as políticas que promovam a equidade, a transparência e a participação cidadã são fundamentais para garantir que os benefícios das Smart Cities sejam distribuídos de forma justa e equitativa.

Citadas anteriormente, a colaboração entre governos, empresas, organizações da sociedade civil e comunidades locais é essencial para o desenvolvimento e a implementação de políticas públicas eficazes para as Smart Cities.

O envolvimento de múltiplos atores pode ajudar a garantir que as políticas sejam sensíveis às necessidades e contextos locais, promovendo a inclusão e a participação cidadã.

Em última análise, as políticas devem ser flexíveis o suficiente para se adaptar às mudanças tecnológicas e sociais em constante evolução, ao mesmo tempo em que garantem que os valores fundamentais de equidade, sustentabilidade e democracia sejam preservados.

Cidades do Amanhã : Rumo à Inteligência Urbana

Inovações tecnológicas emergentes

As tendências futuras das Smart Cities apontam para a integração de inovações tecnológicas emergentes que mudarão significativamente a paisagem urbana nas próximas décadas.

Entre essas inovações, destacam-se avanços na inteligência artificial (IA), computação quântica, 5G e Internet das Coisas (IoT) (Albino, Berardi, & Dangelico, 2015).

São tecnologias que têm o potencial de transformar radicalmente a forma como as cidades operam e oferecem serviços aos seus habitantes.

A inteligência artificial, por exemplo, promete revolucionar a maneira como os sistemas urbanos são gerenciados, permitindo uma tomada de decisão mais rápida e precisa em uma variedade de áreas, como transporte, segurança e saúde (Caragliu, Del Bo, & Nijkamp, 2009). Algoritmos de aprendizado de máquina e análise preditiva serão cada vez mais utilizados para otimizar o funcionamento das cidades e antecipar demandas futuras.

O desenvolvimento do 5G também terá um impacto significativo no futuro das Smart Cities, possibilitando uma conectividade ultra rápida e confiável que viabiliza uma série de aplicações inovadoras, como veículos autônomos, realidade aumentada e Internet das Coisas em larga escala (Mitchell, Bulkeley, & Wachsmuth, 2017).

Essa infraestrutura de comunicação avançada será fundamental para suportar a crescente quantidade de dispositivos conectados em ambientes urbanos.

Outra inovação, a Internet das Coisas (IoT), por sua vez, continuará a desempenhar um papel central no desenvolvimento das Smart Cities, permitindo a interconexão de objetos físicos e sistemas digitais para coletar dados em tempo real e automatizar processos (Hollands, 2008). Sensores inteligentes integrados em infraestruturas urbanas fornecerão uma visão detalhada do ambiente urbano, permitindo uma gestão mais eficiente de recursos e serviços.

Espera-se ainda que a computação quântica abra novas fronteiras no processamento de dados e na resolução de problemas complexos, proporcionando avanços significativos em áreas como segurança cibernética, logística urbana e modelagem de sistemas urbanos (Komninos, 2002).

Embora ainda em estágios iniciais de desenvolvimento, essa tecnologia tem o potencial de revolucionar fundamentalmente a maneira como as cidades são planejadas e operadas.

No entanto, à medida que essas inovações tecnológicas emergem, surgem também desafios significativos em termos de segurança, privacidade e inclusão digital (Townsend, 2013).

É essencial que os desenvolvimentos tecnológicos sejam acompanhados por políticas e regulamentações adequadas para garantir que os benefícios das Smart Cities sejam compartilhados de forma equitativa e que os direitos dos cidadãos sejam protegidos.

Perspectivas para as próximas décadas

As perspectivas para as próximas décadas indicam um crescimento exponencial no desenvolvimento e na adoção das Smart Cities em todo o mundo (Caragliu, Del Bo, & Nijkamp, 2009).

Com a urbanização em ritmo acelerado e os desafios urbanos se tornando cada vez mais complexos, espera-se que as cidades continuem buscando soluções inovadoras para melhorar a qualidade de vida de seus habitantes.

Uma das principais tendências esperadas é a expansão da conectividade e da digitalização em todas as esferas da vida urbana (Albino, Berardi, & Dangelico, 2015).

À medida que mais dispositivos e infra estruturas se tornam conectados à Internet, as cidades se tornarão mais inteligentes e eficientes na prestação de serviços públicos, desde o transporte até a gestão de resíduos.

No mesmo caminho, a crescente conscientização sobre questões ambientais e a urgência em enfrentar os desafios das mudanças climáticas também impulsionaram as iniciativas de sustentabilidade nas cidades (Mitchell, Bulkeley, & Wachsmuth, 2017).

Espera-se que as Smart Cities adotem práticas mais ecológicas e promovam o uso de energias renováveis, transporte público sustentável e construções verdes.

As próximas décadas provavelmente testemunharam uma maior colaboração entre cidades, governos, empresas e instituições de pesquisa na busca por soluções inovadoras (Townsend, 2013).

Iniciativas de cooperação internacional e intercâmbio de melhores práticas serão essenciais para enfrentar desafios globais, como urbanização desordenada, desigualdade socioeconômica e mudanças climáticas.

A tecnologia continuará a evoluir rapidamente, com novas ferramentas e aplicativos sendo desenvolvidos para resolver problemas urbanos específicos (Hollands, 2008). Desde sistemas de transporte autônomos até cidades totalmente conectadas, as possibilidades são vastas e promissoras para o futuro das Smart Cities.

No entanto, é importante reconhecer que o futuro das Smart Cities não será homogêneo, e diferentes regiões e países enfrentarão desafios únicos em sua jornada rumo à urbanização inteligente (Komninos, 2002).

Adaptar as soluções tecnológicas às necessidades locais e garantir uma abordagem inclusiva e participativa serão aspectos cruciais para o sucesso das Smart Cities nas próximas décadas.

Cenários futuros e previsões

Os cenários futuros das Smart Cities são vastos e complexos, refletindo as interações dinâmicas entre tecnologia, sociedade e meio ambiente (Caragliu, Del Bo, & Nijkamp, 2009).

Diferentes projeções e previsões sugerem uma ampla gama de possibilidades, desde cidades altamente automatizadas até modelos mais centrados nas necessidades humanas e na sustentabilidade.

Uma das previsões mais comuns é a proliferação de sistemas de inteligência artificial e automação em todos os aspectos da vida urbana (Albino, Berardi, Dangelico, 2015).

Há a expectativa de que algoritmos avançados e análises de dados em tempo real otimizem a gestão de recursos, melhorem a eficiência dos serviços urbanos e forneçam insights valiosos para tomada de decisões.

Outro cenário possível é a transformação radical da mobilidade urbana, com a ascensão de veículos autônomos, drones de entrega e sistemas de transporte público totalmente integrados (Mitchell, Bulkeley, & Wachsmuth, 2017).

São inovações com potencial de reduzir os congestionamentos, os acidentes de trânsito e as emissões de carbono, tornando as cidades mais seguras e sustentáveis.

Embora, alguns especialistas alertam para os desafios éticos e sociais associados a essas transformações tecnológicas, incluindo preocupações com privacidade, desigualdade digital e perda de empregos.

É crucial considerar os impactos humanos e sociais das tecnologias emergentes e garantir que elas sejam desenvolvidas e implementadas de forma ética e equitativa.

Além disso, as previsões para as Smart Cities também levam em conta os efeitos das mudanças climáticas e da urbanização desordenada (Hollands, 2008).

Espera-se que as cidades adotem estratégias mais resilientes e adaptáveis para enfrentar eventos climáticos extremos, como inundações e ondas de calor, enquanto buscam reduzir sua pegada de carbono e promover práticas de desenvolvimento sustentável.

Portanto, os cenários futuros das Smart Cities são moldados por uma interação complexa de fatores tecnológicos, sociais, econômicos e ambientais.

Prever com precisão como as cidades evoluirão nas próximas décadas é um desafio, mas é certo que a inovação e a adaptação contínuas serão fundamentais para enfrentar os desafios e aproveitar as oportunidades do futuro urbano.

Síntese dos Principais Pontos

Ao sintetizarmos os principais pontos abordados neste livro sobre Smart Cities, é essencial revisar as áreas-chave que exploramos ao longo deste percurso fascinante pela urbanização do futuro.

Começamos nossa jornada definindo o conceito de Smart Cities, destacando sua importância diante dos desafios urbanos contemporâneos. Discutimos a evolução histórica desse movimento e sua relevância crescente em um mundo cada vez mais urbanizado.

Exploramos os fundamentos das Smart Cities, mergulhando em tecnologias como Internet das Coisas (IoT), Big Data e Inteligência Artificial (IA), que impulsionam a infraestrutura inteligente dessas cidades. Discutimos também a importância da conectividade, dos data centers e da computação em nuvem para sustentar essas inovações.

Ao examinarmos a energia e a sustentabilidade, destacamos o papel das redes elétricas inteligentes, das energias renováveis e da gestão eficiente de recursos na construção de cidades mais sustentáveis e resilientes.

No âmbito do transporte e mobilidade, exploramos soluções como transporte público inteligente, veículos autônomos e sistemas de compartilhamento de veículos, que visam reduzir congestionamentos e melhorar a eficiência dos deslocamentos urbanos.

Abordamos também a importância da segurança e governança, destacando a necessidade de monitoramento e segurança pública eficazes, bem como da participação cidadã e transparência na governança digital das cidades.

No campo da saúde e bem-estar, discutimos o papel dos serviços de saúde digital, do monitoramento ambiental e das iniciativas de promoção da qualidade de vida na construção de ambientes urbanos mais saudáveis.

Exploramos estudos de caso inspiradores, como Barcelona, Singapura e Amsterdã, para ilustrar como as inovações estão transformando a vida urbana em todo o mundo.

Abordamos também os desafios e oportunidades das Smart Cities, desde questões tecnológicas e sociais até políticas públicas e regulação, delineando um caminho para um desenvolvimento urbano mais inclusivo e equitativo.

Finalmente, sintetizamos nossas descobertas e reflexões, enfatizando a importância de um compromisso contínuo com a inovação, sustentabilidade e justiça social na construção das cidades do futuro.

Ao recapitularmos esses pontos essenciais, reafirmamos nossa convicção de que as Smart Cities representam não apenas um ideal a ser alcançado, mas também um chamado à ação para transformar nossas cidades em lugares mais inteligentes, sustentáveis e humanos.

O impacto das Smart Cities na vida urbana é profundo e abrangente, influenciando diversos aspectos que moldam a experiência das pessoas nas cidades.

Ao adotar tecnologias inovadoras e promover práticas sustentáveis, as Smart Cities estão redefinindo a maneira como vivemos, trabalhamos e nos relacionamos dentro dos centros urbanos.

As Smart Cities buscam atender às necessidades dos cidadãos de forma mais eficiente e conveniente.

Ao implementar sistemas inteligentes de transporte público, serviços de saúde digital e espaços urbanos projetados para promover o bem-estar, essas cidades melhoram a qualidade de vida de seus habitantes.

A adoção de tecnologias como Internet das Coisas (IoT), Big Data e Inteligência Artificial (IA) permite uma gestão mais eficiente dos recursos urbanos. Isso se traduz em serviços públicos mais ágeis e responsivos, como coleta de lixo otimizada, iluminação pública inteligente e monitoramento ambiental em tempo real.

As Smart Cities priorizam soluções de transporte público inteligente, veículos elétricos e compartilhamento de bicicletas para reduzir congestionamentos, emissões de carbono e poluição do ar.

Sistemas avançados de monitoramento, como câmeras de vigilância e análise de dados em tempo real, aumentam a segurança nas ruas e espaços públicos. A tecnologia também ajuda as autoridades a responder rapidamente a emergências e a prevenir crimes.

A promoção de uma maior participação dos cidadãos no processo de tomada de decisões por meio de plataformas digitais e aplicativos móveis fortalece a democracia local e cria um senso de pertencimento à comunidade.

Ao atrair investimentos em tecnologia e promover um ambiente favorável à inovação, as Smart Cities estimulam o crescimento econômico e a criação de empregos. Startups e empresas de tecnologia encontram nessas cidades um solo fértil para desenvolver e testar soluções inovadoras.

As cidades do futuro estão melhor preparadas para enfrentar desafios como mudanças climáticas, crises de saúde pública e eventos extremos. A infraestrutura inteligente e os sistemas de alerta precoce permitem uma resposta mais eficaz a situações de emergência.

Embora enfrentam desafios de inclusão digital e equidade no acesso aos serviços, as Smart Cities têm o potencial de reduzir as disparidades socioeconômicas.

Ao promover uma distribuição mais equitativa dos recursos e serviços, essas cidades podem melhorar a qualidade de vida de todos os segmentos da população.

Visão para o Futuro

À medida que contemplamos o futuro das cidades inteligentes, é essencial considerar as reflexões de especialistas e estudiosos que têm explorado esse campo em detalhes.

Autores como Anthony M. Townsend, em seu livro "Smart Cities: Big Data, Civic Hackers, and the Quest for a New Utopia", oferece insights valiosos sobre o que podemos esperar para as cidades inteligentes nas próximas décadas futuras.

Townsend argumenta que as cidades do futuro serão moldadas por uma interseção cada vez maior entre tecnologia, dados e participação cívica.

Ele prevê um cenário no qual as cidades se tornarão verdadeiramente "inteligentes" à medida que adotam abordagens mais inclusivas e colaborativas para resolver os desafios urbanos.

Cidades do Amanhã : Rumo à Inteligência Urbana

Além disso, autores como Carlo Ratti e Matthew Claudel, em "The City of Tomorrow: Sensors, Networks, Hackers, and the Future of Urban Life", oferecem uma visão provocativa do que o futuro das cidades inteligentes pode parecer.

Eles destacam a importância da conectividade e da adaptabilidade na construção de cidades que possam se ajustar dinamicamente às necessidades e demandas em constante mudança de seus habitantes.

Ratti e Claudel argumentam que as cidades inteligentes do futuro serão caracterizadas por uma "inteligência distribuída", na qual os sistemas urbanos se comunicam e interagem de forma autônoma para otimizar a vida urbana.

Em suas reflexões sobre o futuro das cidades inteligentes, Susan Parnell, autora de "The Routledge Handbook on Cities of the Global South", destaca a importância de abordar questões de desigualdade e exclusão social na busca por cidades mais inteligentes e sustentáveis.

Parnell argumenta que as Smart Cities do futuro precisam adotar uma abordagem mais equitativa, garantindo que os benefícios da tecnologia e da inovação sejam acessíveis a todos os segmentos da sociedade.

Ela enfatiza a necessidade de uma governança urbana mais inclusiva e participativa, na qual os cidadãos tenham voz nas decisões que afetam suas vidas.

Essas reflexões nos fornecem uma visão abrangente e multifacetada do futuro das cidades inteligentes.

Elas nos lembram que, embora a tecnologia desempenhe um papel crucial na construção de cidades mais eficientes e sustentáveis, é a maneira como essa tecnologia é usada e implementada que determinará seu impacto final na vida urbana.

Ao considerar as perspectivas de diversos autores e estudiosos, podemos desenvolver uma visão mais informada e holística do futuro das cidades inteligentes e, assim, orientar nossos esforços na direção de um urbanismo mais humano, inclusivo e resiliente.

No contexto da construção das Smart Cities, é fundamental reconhecer o papel central que cada indivíduo desempenha nesse processo de transformação urbana. Autores como Adam Greenfield, em "Against the Smart City", destacam a importância da participação ativa dos cidadãos na definição das prioridades e na implementação de soluções urbanas.

Greenfield argumenta que as Smart Cities não devem ser vistas como entidades tecnocráticas distantes, mas sim como espaços onde os cidadãos têm a oportunidade de contribuir ativamente para a criação de ambientes urbanos mais humanos e adaptados às suas necessidades.

Autores como Jane Jacobs, em "The Death and Life of Great American Cities", ressaltam a importância da diversidade e da vitalidade das comunidades locais na construção de cidades resilientes e vibrantes.

Jacobs argumenta que as cidades prosperam quando há uma variedade de atividades, usos do solo e interações sociais, criando uma rede de relações que sustenta o tecido urbano.

Nesse sentido, os cidadãos têm um papel fundamental não apenas como usuários dos espaços urbanos, mas também como co-criadores e guardiões do ambiente urbano.

Outro aspecto crucial é a alfabetização digital e a capacidade dos cidadãos de participar ativamente da vida digital das cidades inteligentes.

Beth Simone Noveck, em "Smart Citizens, Smarter State: The Technologies of Expertise and the Future of Governing", argumentam que a tecnologia digital pode capacitar os cidadãos a se envolverem na tomada de decisões, monitoramento de serviços públicos e co-criação de políticas urbanas.

Isso requer um investimento significativo em educação digital e programas de capacitação para garantir que todos os cidadãos possam participar plenamente da vida urbana digital.

Portanto, cada indivíduo tem um papel essencial a desempenhar na construção das Smart Cities, seja através da participação ativa na vida comunitária, do uso responsável da tecnologia digital ou do engajamento cívico na formulação de políticas urbanas.

Ao reconhecer e valorizar o potencial de cada cidadão como um agente de mudança, podemos criar cidades mais inclusivas, participativas e adaptadas às necessidades e aspirações de todos os seus habitantes.

Reflexões Finais

Nesta jornada pelas Smart Cities, mergulhamos em um universo onde a inovação e a sustentabilidade convergem para moldar o futuro urbano.

Desde a sua concepção até as suas complexidades, exploramos cada faceta desse conceito revolucionário, buscando compreender como as cidades estão se transformando em epicentros de tecnologia, eficiência e qualidade de vida.

Ao longo deste livro, testemunhamos os esforços de cidades ao redor do mundo para integrar tecnologia e governança em suas infraestruturas urbanas.

De Barcelona a Singapura, vimos exemplos inspiradores de como a inovação pode redefinir o cenário urbano, criando espaços mais acessíveis, sustentáveis e inclusivos para todos os cidadãos.

No entanto, também confrontamos os desafios enfrentados por essas iniciativas, desde questões de privacidade e segurança de dados até desigualdades sociais e ambientais.

Reconhecemos que o caminho para a construção de Smart Cities verdadeiramente funcionais e equitativas é repleto de obstáculos, exigindo um compromisso contínuo com a transparência, a participação cidadã e a justiça social.

À medida que nos despedimos deste livro, lembramos que o futuro das Smart Cities está em constante evolução, impulsionado por inovações tecnológicas, mudanças sociais e desafios globais.

Como agentes de mudança, cabe a nós abraçar esse desafio, buscando soluções que promovam um desenvolvimento urbano mais humano, sustentável e resiliente.

Que este livro sirva não apenas como um registro das conquistas e lições das Smart Cities até o momento, mas também como um chamado à ação para todos aqueles comprometidos com a construção de um futuro urbano mais promissor.

Juntos, podemos moldar cidades onde a tecnologia e a humanidade coexistam harmoniosamente, garantindo um ambiente urbano vibrante e inclusivo para as gerações futuras.

Apêndices

Glossário de Termos

Internet das Coisas (IoT): Refere-se à rede de dispositivos físicos, veículos, eletrodomésticos e outros objetos incorporados com sensores, software e conectividade para trocar dados com outros dispositivos e sistemas pela internet.

Big Data: Refere-se ao imenso volume de dados, estruturados e não estruturados, que inundam os negócios diariamente e que podem ser analisados para obter insights que levam a melhores decisões e estratégias de negócios.

Inteligência Artificial (IA): Refere-se à simulação de processos de inteligência humana por meio de sistemas de computador, incluindo aprendizado de máquina, processamento de linguagem natural, reconhecimento de padrões e tomada de decisões.

Smart Grids (Redes Elétricas Inteligentes): Refere-se a um sistema elétrico que utiliza tecnologia de comunicação digital para detectar e reagir a mudanças no comportamento de consumo de eletricidade, melhorando a eficiência, confiabilidade e sustentabilidade da rede elétrica.

Energias Renováveis: Refere-se a fontes de energia que são naturalmente reabastecidas, como energia solar, eólica, hidrelétrica, biomassa e geotérmica, em contraste com fontes de energia não renováveis, como petróleo e carvão.

Infraestrutura de TI: Refere-se ao conjunto de hardware, software, redes, instalações e recursos que são necessários para desenvolver, testar, fornecer, monitorar, controlar ou suportar serviços de TI.

Governança Digital: Refere-se à aplicação de princípios de governança para a gestão de dados, informações e serviços digitais, garantindo transparência, responsabilidade, participação e efetividade na entrega de serviços públicos.

Mobilidade Urbana: Refere-se à forma como as pessoas se deslocam dentro de áreas urbanas, incluindo o transporte público, veículos particulares, bicicletas, caminhadas e outras formas de transporte.

Inclusão Digital: Refere-se ao acesso igualitário e à capacidade de uso das tecnologias da informação e comunicação, incluindo acesso à internet, dispositivos digitais e habilidades digitais.

Participação Cidadã: Refere-se ao envolvimento ativo dos cidadãos na tomada de decisões políticas, no monitoramento de serviços públicos e na formulação de políticas urbanas, promovendo uma maior transparência, responsabilidade e democracia.

Livros Recomendados

"Smart Cities: Big Data, Civic Hackers, and the Quest for a New Utopia" por Anthony M. Townsend - Explora o papel da tecnologia na transformação das cidades e os desafios enfrentados na busca por uma utopia urbana.

"The Responsive City: Engaging Communities Through Data-Smart Governance" por Stephen Goldsmith e Susan Crawford - Examina como as cidades podem utilizar dados e tecnologia para melhorar os serviços urbanos e promover uma governança mais eficaz.

"Smart Cities: Governing, Modelling and Analysing the Transition" por Mark Deakin e Husam Al Waer - Oferece uma análise abrangente das Smart Cities, incluindo modelos de governança, estratégias de implementação e impactos sociais e ambientais.

"The Future of the Professions: How Technology Will Transform the Work of Human Experts" por Richard Susskind e Daniel Susskind - Aborda o impacto da tecnologia, incluindo a inteligência artificial, na transformação de diversas profissões, incluindo planejamento urbano e gestão pública.

Artigos Acadêmicos e Relatórios

"Smart Cities: A Survey on Data Management, Security, and Privacy" por A. Zanella, N. Bui, A. Castellani, L. Vangelista e M. Zorzi - Uma revisão abrangente dos desafios de gerenciamento de dados, segurança e privacidade nas Smart Cities.

"Smart Cities: Recent Advances in Infrastructure Design and Applications" por Mohamed El-Hadidy - Um artigo que discute os avanços mais recentes no design de infraestrutura e aplicações nas Smart Cities.

Relatórios da Organização para a Cooperação e Desenvolvimento Econômico (OCDE) sobre Smart Cities - A OCDE produziu uma série de relatórios e documentos de política que examinam o papel das Smart Cities na promoção do crescimento econômico, da inovação e da sustentabilidade.

Websites e Plataformas Relevantes:

Smart Cities Council - Uma organização global que fornece recursos, orientação e suporte para líderes municipais interessados em implementar soluções de cidade inteligente.

European Innovation Partnership on Smart Cities and Communities (EIP-SCC) - Uma iniciativa da Comissão Europeia que reúne cidades, empresas e cidadãos para promover soluções inovadoras para os desafios urbanos.

The Smart Cities Lab - Uma plataforma online que oferece insights, notícias e recursos sobre o desenvolvimento de Smart Cities em todo o mundo.

Contatos e Redes de Colaboração

Smart Cities Council: Uma organização global que oferece recursos, orientação e suporte para líderes municipais interessados em implementar soluções de cidade inteligente. [Website](https://smartcitiescouncil.com/)

European Innovation Partnership on Smart Cities and Communities (EIP-SCC): Uma iniciativa da Comissão Europeia que reúne cidades, empresas e cidadãos para promover soluções inovadoras para os desafios urbanos. [Website](https://eu-smartcities.eu/)

The Smart Cities Lab: Uma plataforma online que oferece insights, notícias e recursos sobre o desenvolvimento de Smart Cities em todo o mundo. [Website](https://smartcitieslab.com/)

ICLEI - Local Governments for Sustainability: Uma rede global de governos locais e regionais comprometidos com o desenvolvimento sustentável. Eles oferecem programas e recursos relacionados a Smart Cities. [Website](https://iclei.org/)

International City/County Management Association (ICMA): Uma associação global de profissionais de gestão municipal que oferece recursos e eventos relacionados a Smart Cities e governança urbana. [Website](https://icma.org/)

IEEE Smart Cities Initiative: Uma iniciativa do IEEE (Institute of Electrical and Electronics Engineers) que promove a colaboração e a troca de conhecimento sobre tecnologias para cidades inteligentes. [Website](https://smartcities.ieee.org/)

National League of Cities (NLC): Uma organização nos Estados Unidos que fornece recursos, pesquisa e defesa de políticas relacionadas às necessidades das cidades e comunidades locais. [Website](https://www.nlc.org/)

Smart Cities Association: Uma associação internacional que promove o intercâmbio de conhecimento e as melhores práticas em Smart Cities. [Website](https://smartcitiesassociation.org/)

Referências

Alawadhi, S., et al. (2012). "A smart city initiative: The case of Surat." Journal of Cases on Information Technology (JCIT) 14.2: 19-32.

Amin, M. S., et al. (2005). "Toward self-healing smart grids." Power Engineering Society General Meeting, 2005. IEEE.

Batty, M., et al. (2012). "Big data and the city." Built Environment 38.3: 207-229.

Batty, M., Axhausen, K. W., Giannotti, F., Pozdnoukhov, A., Bazzani, A., Wachowicz, M., & Portugali, Y. (2012). Smart cities of the future. The European Physical Journal Special Topics, 214(1), 481-518.

Caragliu, A., et al. (2011). "Smart cities in Europe." Journal of Urban Technology 18.2: 65-82.

Chen, D., et al. (2017). "Smart cities: An overview of the technology." SAE International Journal of Passenger Cars-Electronic and Electrical Systems 10.2: 253-263.

Chen, H., et al. (2014). "Big data for social media analytics." Big data analytics 1.1: 2-21.

Chen, M., et al. (2019). "Artificial intelligence in energy: State-of-the-art and future trends." Applied Energy 250: 120-165.

Chourabi, H., et al. (2012). "Understanding smart cities: An integrative framework." System Sciences (HICSS), 2012 45th Hawaii International Conference on. IEEE.

Chow, K.P.; Li, X.; Wang, J.; Tan, Y.; Tay, B.K. Smart City 360°: First EAI International Summit, Smart City 360°, Bratislava, Slovakia and Toronto, Canada, October 13-16, 2015. Proceedings. Springer, 2015.

European Commission. (2014). Horizon 2020 - Work Programme 2014-2015. Smart, green and integrated transport. European Union.

European Innovation Partnership on Smart Cities and Communities (EIP-SCC). (https://eu-smartcities.eu/)

Hollands, R. G. (2008). Will the real smart city please stand up? Intelligent, progressive or entrepreneurial? City, 12(3), 303-320.

ICLEI - Local Governments for Sustainability. (https://iclei.org/)

IEEE Smart Cities Initiative. (https://smartcities.ieee.org/)

International Telecommunication Union. (2014). Smart Sustainable Cities: An Analysis of Definitions. International Telecommunication Union.

Komninos, N. (2002). Intelligent cities: Innovation, knowledge systems and digital spaces. Routledge.

Nam, T., & Pardo, T. A. (2011). Conceptualizing smart city with dimensions of technology, people, and institutions. The proceedings of the 12th annual international conference on digital government research.

National League of Cities (NLC). (https://www.nlc.org/)

Smart Cities Association. (https://smartcitiesassociation.org/)

Smart Cities Council. (https://smartcitiescouncil.com/)

The Smart Cities Lab. (https://smartcitieslab.com/)

www.ingramcontent.com/pod-product-compliance
Lightning Source LLC
Chambersburg PA
CBHW050101230526
45470CB00004B/1633